Gustave GOBERT

Les Cloches de mon Village

PUILLY

(ARDENNES)

CHARLEVILLE
IMP. P. ANCIAUX, 37-39, RUE DE L'ARQUEBUSE ET 18, RUE DE CLÈVES

—

1922

INTRODUCTION

HOSANNAH ! Bientôt dans le clocher natal, elles vont prendre la place, depuis si longtemps vide, de leurs aînées criminellement enlevées à leur aérienne demeure.

Elles vont chanter les naissances et effeuiller des bouquets de lilas blanc sur les baptêmes ! Elles vont fêter les mariages et, de leurs froufrous de métal, tinter au cœur des jeunes époux les roses espérances ! Elles vont pleurer les décès et, des battements de leurs cœurs, verser des larmes à l'unisson des âmes en deuil ! Du haut de leur tour dominatrice, elles vont chanter leurs chansons d'Espoir, d'Amour et de Regret !

***

L'histoire de celles qui les ont précédées intéressera peut-être ceux qui aiment à remuer parfois les cendres du passé ; à elles sont consacrées ces quelques pages, écrites à l'occasion du baptême des cloches nouvelles, événement important dans les annales du village, événement rendu possible par l'héroïque sacrifice de ceux qui sont tombés pour que la France vive.

Les Cloches de Puilly

Si l'église actuelle de Puilly porte la date assez récente de 1572, il est cependant certain qu'une église existait déjà auparavant. Dès 1176, le cartulaire de l'abbaye d'Orval mentionne que Rambaut, curé de Puilly, signait, avec plusieurs curés des villages voisins, l'acte de rétractation de Julien, curé de Villy, qui avait refusé de payer six deniers de rente à l'abbaye.

Les documents connus jusqu'aujourd'hui ne permettent pas de dire si la nouvelle église fut construite sur l'emplacement de l'ancienne, alors que le village primitif semble avoir été bâti entre le chemin de Villers-devant-Orval et la route d'Auflance.

Au milieu du seizième siècle, l'"ecclesia in Puilly" comptait deux cents communiants (1) ; le patronage de l'église était partagé entre trois collateurs : Maître Christophe Koibe, l'abbé d'Orval et le chapitre d'Yvois (Carignan). Le curé était Maître Guillaume Zonet, de Ruette. Les collateurs percevaient les deux tiers des dîmes ; le reste était pour le curé : deux muids et demi de fruits communs, dix francs de menues dîmes, sept mesures de fruits à prendre sur vingt-quatre arpents de terre et un peu de foin.

---

(1) Le chiffre des personnes ayant l'âge requis pour accomplir le devoir pascal servait d'assiette pour la population d'une paroisse.

La paroisse de Puilly ne subit sans doute pas le sort de la cité d'Yvois qui fut alors prise et pillée plusieurs fois ; grâce à l'appui et l'aide de l'abbaye d'Orval, probablement aussi grâce aux châtelains dont la demeure seigneuriale s'élevait à la Culée Grillot, l'église put être construite ; elle était dédiée à Saint Sébastien, avait « trois autels et un calice », un « coûtre » qui remplissait des fonctions analogues à celles de nos marguilliers et deux « synodaux », censeurs ecclésiastiques nommés en synode par l'évêque pour faire des perquisitions sur les hérésies et autres crimes publics.

Il est à présumer qu'il y eut alors une ou deux cloches ; Charlemagne en avait déjà généralisé l'emploi dans tout son Empire, et un Concile de Cologne les avait recommandées pour mettre les démons en fuite et appeler le peuple à venir écouter la parole de Dieu (*ad fugandos daemones et ut his convocetur populus ad audiendum verdum Dei*).

Le village fut en grande partie détruit pendant la période française de la Guerre de Trente Ans et resta complètement désert de 1639 à 1642 ; il passa, après avoir appartenu aux Pays-Bas, sous la domination de la maison d'Autriche, devint français par le traité des Pyrénées (1659), fut de nouveau occupé militairement, au début du dix-huitième siècle, pendant la Guerre de la Succession d'Espagne : malgré toutes ces vicissitudes, il semble que l'église resta debout.

Mais les deux cloches de l'église Saint-Sébastien avaient été endommagées et en 1741 on décida de les refondre.

La bénédiction fut faite par De Stenay, Curé de Mogues, avec la permission de Monseigneur de Nalbach, Evêque d'Emmaus, suffragant de Trèves, « le huitième janvier de l'an de grâce 1742 ». La plus grosse pesait 988 livres et l'autre 727 livres.

« Les Parrains et les Marraines en cette cérémonie étaient à scavoir :

De la première, Messire Nicolas Louis de la Porte, Licentié de la Maison et Société de Sorbonne, Curé des Ville et Citadelle de Stenay ;

Et Très Noble et Très Honorée Barbe Anthoinette de la Cour, Dame de Rhut, Grand Cléry et Veuve, du 29 Décembre dernier, de Messire Claude Albert de Pouilly, Chevalier Seigneur de Ginnovy-Bel-Nau ;

Et Représentez par Messire Bertin Joseph de Stenay, Curé de Mogues et Très Honorée Marguerite De Waulx, Damoiselle non mariée, Dame foncière de la Grande de Thône-lez-Montmédy ;

— Et de la seconde, Messire Wiry Théodore, Curé de ce lieu ;

Et Très Illustre et Très Honorée Eve Isabelle, Baronne de Beck, Veuve de Messire Conrard Adolph Baron de Wal, Viscomte d'Anthinne, Seigneur de Tassigny-Sapogne, Poulseur et autres, nommément représentée par ladite dame foncière. »

Le procès-verbal de la cérémonie est signé par :

De Stenay, Curé de Mogues.

Marguerite de Waulx.

Eve Isabelle de Beck, baronne de Wal.

W. Théodore, Curé de Puilly.

H. Viviée, vicaire.

*
* *

Dès 1766, une cloche fut refondue.

Si l'on en juge par le compte rendu porté au registre des baptêmes, mariages et sépultures de la paroisse, la bénédiction ne dut pas causer grande satisfaction aux habitants du village. Ce compte rendu, non signé, et biffé d'un trait, est en effet rédigé de la façon suivante :

« Le 30 janvier 1766, le Sr Jean Henry, de Ruette, curé d'Euilly et doyen de la Chrétienté d'Yvoix, a béni vers les 11 heures du matin, sans dire messe en cette église — les abbés Paqui et Viffau lui servaient à diacre et sous-diacre, — une cloche qui devait peser 1.450 livres et qui s'est trouvée, pesée à la romaine Dorval, seulement du poids de 1.137 livres, quoiqu'il y avait 1.637 livres pour la confection de cette dite cloche ; il est vrai qu'ayant été manquée en premier lieu, n'ayant point d'oreilles, mais bonne d'ailleurs et paraissant être du poids qu'on la demandait, ayant encore plus de 60 livres.... on l'a refondue et la communauté, ou deux ou trois d'entre eux, leur ont donné au paye pour 20 écus ce qui restait après la seconde fonte et sans être pesée le tout bêtement ou malicieusement, puisqu'il y devait avoir au moins 400 livres de métal ce qui ferait 600 francs en argent, tandis que cette dernière cloche ne vaut rien du tout, car si elle est visitée par un expert, elle sera déclarée de nulle valeur, attendu qu'elle est mince d'en bas et qu'elle a une ouverture ou wavabau en haut prêt à tomber,

Monsieur de la Haut, Procur fiscal en cette Seigneurie en a été parrain et sa femme marraine. »

Faut-il conclure du poids total indiqué (1.637 livres) que les deux cloches de 1742, pesant respectivement 988 livres et 727 livres, soit 1.715 livres, avaient été fêlées toutes les deux et données au fondeur pour n'en faire qu'une de 1.450 livres ?

En tous cas, la première fonte fut manquée ; pour la deuxième, il y eut une perte de plus de 400 livres dont la valeur disparut dans les poches du fondeur.... ou d'autres ; de plus, la deuxième cloche, « si elle est visitée par un expert, sera déclarée de nulle valeur ».

Faut-il conclure aussi, de ce que le compte rendu n'a pas été signé et a été barré, que la bénédiction n'a pas eu lieu ?

Rien dans les archives postérieures de la commune ne permet de se faire une opinion exacte à ce sujet.

*
* *

Il semble cependant possible d'affirmer qu'à partir de cette date il n'y eut plus qu'une seule cloche au clocher de Puilly jusqu'à la fin de l'année 1830 ; à la Révolution, la seconde dut, sans doute, subir le sort commun, conformément à l'édit de la Convention qui ordonnait de ne laisser qu'une seule cloche dans chaque église.

Le 6 décembre 1830, le maire, Jean-Baptiste Rondache, convoquait le Conseil municipal à midi ; il se rendait aussitôt à l'église avec les conseillers présents, MM. André Léonard, Louis Rosquaille, Nicolas Mouton, Jean-Alexis Mottelet, Louis Berthélémy, Jean-Baptiste Adnet, Jean Barthélemy, pour procéder, en présence de M. Colin, curé-desservant, et de M. Bague, fondeur, au pesage de la cloche fournie par ledit M. Bague, en conséquence du traité fait en date du 1er avril et approuvé le 15 juin 1830.

Le fondeur avait transporté à l'église de Puilly une romaine établie pour le service de la douane au bureau de Tassigny ; on vérifia la justesse de la balance et on trouva comme poids de la cloche 1.065 kilogs.

Il n'y eut, sans doute, aucune grande cérémonie de bénédiction, car le même jour dans l'après-midi, le fondeur faisait monter la cloche dans la tour de l'église avec tous ses accessoires. Aussitôt le maire, accompagné des membres du Conseil municipal et du desservant, se rendit au clocher ; ils examinèrent la cloche attentivement, la firent « sonner avec l'ancienne à différentes reprises, la trouvèrent d'une belle exécution, bien sonnante et d'un accord parfait avec l'ancienne et donnant le ton exprimé au traité ».

Le procès-verbal de réception fut signé par tous les assistants ; il déclarait que le fondeur avait « satisfait pleinement à l'obligation que lui imposait le traité », que la dépense totale était « de 4.260 francs, laquelle somme serait payée de moitié à la réception et l'autre moitié un an après, époque de la garantie de la cloche, sans intérêts ».

Dans sa séance suivante, du 5 janvier 1831, le Conseil municipal approuvait les dépenses supplémentaires engagées par le Maire pour payer les travaux faits au clocher par les charpentiers et le maréchal, « attendu que le beffroi était convenable pour une cloche, mais qu'il ne pouvait convenir pour deux ». Le Conseil approuvait aussi la dépense à faire pour placer un Christ avec une Croix, « pour la décence du culte », dans le nouveau cimetière, ainsi qu'une dépense de vingt francs due à Jean-Baptiste Léonard, cultivateur, qui était allé chercher la cloche à Montmédy. Il sollicitait en même temps « le paiement avec une partie des fonds que la commune de Puilly a de placer à la Caisse de service ».

***

Le nouveau maire, Charles Louis Adnos, devait avoir des difficultés pour la sonnerie des cloches avec l'instituteur, Jean Somveille.

Celui-ci était chargé non seulement de « soigner l'horloge », de la « régler de manière à ce qu'il n'y ait plus de plainte fondée contre la mauvaise direction de cette horloge », mais aussi de sonner les cloches plusieurs fois par jour.

Le 14 janvier 1832, le Conseil municipal portait la rétribution de 50 à 60 francs par an, mais aux conditions expresses suivantes :

« La retraite sera sonnée en hiver tous les dimanches et fêtes à 9 heures du soir, en été à 10 heures, au moins pendant cinq minutes, sans employer deux cloches ni tinter ;

« Le midi sera sonné tous les jours à 12 heures précises en hiver et à 11 heures et demie en été avec une cloche, excepté la veille des dimanches et fêtes que l'on sonnera avec deux cloches ;

« L'angelus sera sonné matin et soir soleil levant et soleil couchant avec la petite cloche. On tintera trois fois trois pour commencer et on sonnera à la volée pour finir pendant quelques minutes ;

« Lorsqu'on sonnera pour les morts, ce sera aussi trois fois trois en commençant et à la volée pour finir. Chaque glas durera au moins trois minutes et la petite cloche devra être bridée ;

« Lorsqu'on sonnera pour le feu, ce sera avec la grosse cloche et très vite pour indiquer l'alarme. Il sera même urgent de monter au clocher. »

Mais ce règlement écrit et l'augmentation de la rétribution ne réussissaient pas à secouer la torpeur ou la mauvaise volonté du maître d'école.

*
* *

Bientôt la cloche de 1830 a une avarie et devient inutilisable ; heureusement la commune est riche : elle possède en caisse 42.000 francs. Le maire, Jean-Baptiste Bayette, malgré les nombreuses discussions qu'il a avec son Conseil municipal (il y eut 26 séances en 1843 et 23 en 1844), propose de refondre la cloche cassée, ce que « les habitants appellent de tous leurs vœux ». Le Conseil municipal l'autorise, le 7 juillet 1844, à passer un marché avec le Sieur Farnier, fondeur de cloches à Mont-devant-Sassey (Meuse) pour faire refondre la cloche cassée dont le poids sera constaté avant sa refonte et qui sera pesée ensuite avant d'être montée au clocher pour pouvoir constater le déchet ou l'excédent à diminuer ou à payer au fondeur.

Cette cloche sera payée à raison de 50 francs les 100 kilogs ; elle devra peser 1.000 kilogs. La somme nécessaire pour cet achat (500 francs) sera augmentée de 70 francs pour les travaux à faire au clocher afin de descendre la cloche cassée et remonter la cloche neuve.

Comme la fabrique, qui a présenté au Maire une demande de remplacement de la cloche, a fait parvenir en même temps un extrait de son budget prouvant qu'elle n'a point de ressources pour subvenir à cette dépense, le Conseil municipal décide de prendre tous les frais à la charge de la commune, mais seulement à la condition expresse que le fondeur devra mettre très lisiblement sur cette cloche la mention : « Propriété Communale ».

De plus, il est décidé que deux membres du Conseil municipal seront présents à la fonte et à la vérification du métal ; les deux membres désignés sont deux adversaires du maire, Lustrubourg et Somveille.

Il est à supposer qu'ils ont accepté la fourniture de la cloche sans observation, car dans les procès-verbaux souvent aigres-doux des délibérations du Conseil municipal, il n'est plus question de cette cloche.

* * *

Pendant plus de quinze ans, les deux cloches fonctionnent à la satisfaction des habitants : mais un jour l'ancienne, elle aussi, est fêlée.

Le 9 novembre 1866, le Maire, Jean-Baptiste Somveille, expose au Conseil municipal que la seconde cloche de l'église (la plus grosse) est cassée depuis plusieurs années, qu'elle ne sonne plus en harmonie avec la petite, que même si elle était dans son état primitif, « la sonnerie serait loin d'être en rapport avec la localité et de satisfaire les habitants ».

C'est pourquoi il propose la refonte de la cloche cassée et l'acquisition d'une troisième, d'un poids approximatif de 1.400 kilogs, et demande, pour faire face à la dépense, le vote d'une somme de six mille francs.

Le Conseil municipal, considérant que la commune de Puilly a suffisamment de ressources, autorise le maire à traiter avec un « homme de l'art », à la majorité de huit voix. Les conseillers Etienne Wirion et Georges Wirion écrivent, à la suite du procès-verbal de la séance, qu'ils refusent de signer la délibération, « pour cause qu'ils croient des choses plus urgentes pour le moment ».

Un traité est passé par le Maire avec le Sieur Farnier-Bulteaux, fondeur à Mont-devant-Sassey (Meuse). Mais le Sous-Préfet de Sedan, à qui ce traité est soumis, adresse une lettre au Maire pour l'informer que le Sieur Perrin de Mohon (Ardennes) a déposé à la Sous-Préfecture une soumission par laquelle il offre une réduction de dix francs pour cent.

Le Maire soumet le cas au Sieur Farnier-Bulteaux qui s'engage alors « à faire la fourniture dont s'agit dans des conditions plus avantageuses que celles offertes par le Sieur Perrin ».

Le 25 novembre 1866, le Conseil municipal prend connaissance de toutes les pièces du dossier, et « considérant que ces rabais, de part et d'autre, donnent des prix au-dessous du cours, que le Sieur

Farnier est fort connu et très en renommée dans ce pays, en vertu du grand nombre de fournitures qu'il y a faites, desquelles on est très satisfait, tandis qu'il n'en est pas de même du Sieur Perrin, repousse en conséquence les propositions de celui-ci et agrée le dernier traité souscrit entre le Maire et le Sieur Farnier-Bultcaux ».

Le marché est conclu le 2 décembre ; le fondeur s'engage à fournir deux cloches neuves dont les poids approximatifs seront de 1.400 kilogs et 972 kilogs.

« Les cloches fournies seront parfaitement d'accord entre elles, ainsi qu'avec la cloche existante, au dire d'experts ou musiciens ; prises séparément, elles devront avoir un son clair et harmonieux, elles seront composées de quatre-vingts parties de cuivre rouge de première qualité et de vingt parties d'étain aussi de première qualité ; les dits métaux devront être pesés et vérifiés en présence de M. le Maire et de deux membres du Conseil municipal qui seront délégués à cet effet par le dit Conseil ; un échantillon des dits métaux sera pris pour servir au besoin si les cloches étaient reconnues mauvaises ».

Le fondeur s'engage aussi à reprendre en déduction la cloche cassée dont le poids est de 972 kilogs, « en tenant compte à son profit d'une déduction de cinq pour cent pour les frais qu'elle doit subir dans la fusion ; le prix de la refonte lui sera payé quarante-cinq centimes le kilog. et le surplus trois francs dix le kilog. ».

La fourniture lui sera payée quatre mois après la livraison, sauf une somme de mille francs « qui lui sera retenue jusqu'à l'expiration de la garantie des cloches (dix ans) ; l'intérêt lui sera payé annuellement à 5 °/₀ jusqu'à parfait remboursement ».

Les deux cloches devaient être livrées pour le 18 janvier 1867.

Il y eut un léger retard et le procès-verbal de réception n'est que du 26 avril. C'est l'agent voyer cantonal de Carignan, M. Déjardin, qui vint, en présence du maire et de deux conseillers municipaux, procéder à l'examen des cloches. Son rapport est rédigé dans les termes suivants :

« 1° L'apparence de ces cloches à la vue est très satisfaisante, les surfaces sont unies, d'une nuance uniforme et exemptes d'anfractuosités ; les inscriptions en relief sont bien régulières et parfaitement moulées. Les échantillons déposés à la mairie, conformément aux conditions du traité, présentent une cassure nette, brillante et d'une contexture homogène ;

« 2° Chaque cloche est fixée à un mouton avec de fortes agrafes en fer ; les axes des moutons se meuvent sur des grains d'orge placés dans les coussinets. La mise facile en branle des cloches et la longue durée des oscillations après le dernier mouvement imprimé font reconnaître que le système de suspension est établi de manière convenable. Chaque mouton est armé d'une demi-lune en bois pour la mise en mouvement à l'aide d'une corde et d'un levier également en bois pour la mise en mouvement au moyen du pied ;

« 3° On a fait tinter et sonner les cloches, tant séparément que simultanément ; il a été reconnu et constaté que les sons en étaient purs, harmonieux et accordés à l'intervalle de seconde majeure ou d'un ton, que la plus grosse sonnait à la tierce majeure au-dessous de la troisième cloche existante, en sorte que la sonnerie fait entendre dans l'ordre diatonique les trois sons composant une tierce majeure. »

L'expert conclut en conséquence que les fournitures et les travaux du sieur Farnier devaient être acceptés ; on vérifia le poids des deux cloches : la première pesait 1.512 kilos, la seconde 1.038 kilos. La somme à payer au fondeur, déduction faite de la cloche cassée, était de 5.457 fr. 99 c.

La bénédiction solennelle eut lieu peu de temps après, en présence d'un grand concours de peuple, et elle fut suivie de réjouissances pour le village tout entier.

Bien qu'il ne soit question que de deux cloches dans les délibérations du Conseil municipal et dans le procès-verbal de réception, les anciens du village se rappellent d'une façon précise qu'il y avait trois cloches dans le chœur de l'église le jour de la bénédiction.

C'est que le fondeur avait demandé à refondre non seulement la cloche cassée, mais aussi la bonne, afin de les fabriquer toutes trois du même métal.

Cette opinion semble justifiée, puisqu'en février 1918, on a relevé sur les trois cloches les mêmes inscriptions, prouvant qu'elles ont été fondues à la même date.

En haut des trois cloches, une inscription rappelait qu'elles avaient été fondues sous la gestion de M. Jean-Baptiste Somveille, maire, et portait le nom de tous les conseillers municipaux : Georges Wirion, adjoint, Gédéon Watelet, Pierre Mouton, Jean-Baptiste Gobert, J.-B. Buzy, J.-B. Bourguignon, Etienne Wirion, Nicolas Maget, Jean Gérard, Louis Imbert, Adolphe Théodore.

Au milieu de la plus grosse, on lisait dans un médaillon : « J'ai eu pour parrain Hippolyte Somveille, j'ai eu pour marraine Pauline Somveille », et dans un autre médaillon : « En l'an de grâce 1867, j'ai été bénite par M. le Curé Gilbert-Prosper Broy, curé de Puilly. »

Sur la moyenne était gravé : « J'ai eu pour parrain Jean Rondache et pour marraine Joséphine Létain. »

La plus petite portait dans un médaillon cette inscription : « J'ai eu pour parrain M. le Curé Gilbert-Prosper Broy et pour marraine Catherine Gillard. »

En bas des trois étaient gravés les noms des fondeurs : Farnier-Bulteaux et Périn-Robinet.

***

En 1871, malgré les importantes contributions de guerre imposées à la commune, le Maire, Jean-Baptiste Somveille, rend compte au Conseil municipal que l'horloge de l'église ne fonctionne pas régulièrement, qu'elle est souvent arrêtée. « Il expose aussi que les cadrans qui indiquent les heures sont dans un état de vétusté complète, qu'il est urgent de pourvoir à leur remplacement et qu'il convient aussi de faire l'achat de trois carillons pour être posés à l'extérieur de la tour, sur lesquels frapperont les marteaux de l'horloge. »

Le Conseil municipal approuve les propositions du Maire, et le Sous-Préfet autorise une dépense d'environ 1.250 francs, vu que « la commune, à son budget supplémentaire, a un excédent de recettes de 27.000 francs qui lui permet de faire face à cette dépense. »

Le 6 août, le Maire conclut un marché avec M. Guioth, horloger à Stenay ; celui-ci s'engage à fournir, avec une série d'accessoires, trois timbres sonores et bien accordés dont le poids approximatif sera de cent kilos à quatre francs le kilo, deux cadrans ronds en fonte, de 1 mètre 58 de diamètre, avec les heures et les minutes dorées et en relief, sur un fond peint en noir, au prix de 170 francs l'un, et une minuterie derrière chaque cadran, montée de deux aiguilles à 60 francs. La dépense totale se monte à 1.230 francs.

Cette horloge ne fonctionne régulièrement que pendant une trentaine d'années. Le 30 mai 1903, le Maire, Ovide Rondache, sur la délibération du Conseil municipal, passe un nouveau traité avec le même horloger, M. Guioth, de Stenay.

L'horloge devra marcher régulièrement cinquante heures sans être remontée, sonner les quarts et les heures ; toutes les pièces ayant quelques frottements, comme pivots des axes de rouages et bouts de levier, seront en acier et tournées ou limées avec soin, trempées et polies ; il en sera de même pour les pattes de l'ancre ;

les poulies et le marteau seront en fonte ; les quatre aiguilles seront redorées et les fonds des deux cadrans seront repeints en noir.

Ce marché est conclu moyennant la somme de quatorze cent cinquante francs, payables à raison de mille francs à la livraison et de quatre cent cinquante francs un an plus tard, sans intérêt. L'horloge est garantie de tout vice de construction pendant sept années consécutives.

*
* *

Les cloches et l'horloge devaient vivre sans histoire jusqu'au moment de la grande tourmente de 1914 ; elles se contentaient de remplir fidèlement leur rôle d'annonciatrices de l'heure ou des événements tristes et joyeux.

Le 1er août 1914, les cloches répandaient la terrible nouvelle : La France attaquée appelait à l'aide tous ses enfants ; tous les hommes du village répondaient : « Présent ! » et partaient, résolus, mettre leurs bras au service de la Patrie.

Puis c'était l'évacuation d'une grande partie du village, bientôt suivie de l'invasion. Les cloches étaient réduites au silence par les troupes d'occupation : une seule fois, elles étaient mises en branle : c'était pour fêter la prise de Varsovie.

Mais, vers la fin de janvier 1918, arrivait une équipe de spécialistes qui passait l'inspection du clocher. Le métal se faisait rare en Allemagne pour la fabrication des canons ; aussi le Grand Etat-Major avait-il décidé de déboulonner toutes les statues de bronze et de prendre toutes les cloches dans les régions envahies.

Puilly ne pouvait manquer d'avoir la visite des ravisseurs. L'opération fut facile pour les trois carillons suspendus à l'extérieur du clocher ; il suffit de les décrocher et de les laisser tomber sur le sol où des matelas avaient été disposés pour amortir le choc.

Il était plus délicat de descendre les cloches ; la méthode la plus simple et la plus rapide parut aux ouvriers de les précipiter aussi extérieurement.

On enleva d'abord les battants en fer forgé, en coupant les brayers qui passaient dans l'œil des battants et l'anneau de la cloche. On détacha ensuite les anses qui étaient prises dans les moutons et les cloches vinrent doucement reposer sur des planchers. Puis, après avoir scié d'énormes poutres et enlever une partie de la toiture, on les fit passer par les ouvertures, et l'une après l'autre on les précipita dans le vide.

L'opération, menée promptement, réussit très bien ; le douze février, les trois cloches étaient sur le perron de l'église. Les cerveaux, les saussures, les panses avaient résisté d'une façon parfaite ; seule, la patte, la partie inférieure de la plus petite cloche, avait une éraflure. L'équipe de déménageurs était fière du résultat obtenu.

Le lendemain, au grand désespoir des habitants, les trois cloches étaient emportées sur un camion automobile vers une destination inconnue.

Et quand vint le jour de la victoire, elles ne pouvaient plus annoncer aux habitants la grande et joyeuse nouvelle. Le pasteur, à son retour, ne les avait plus pour appeler les fidèles à la prière ; il dut se contenter de frapper avec un bâton sur une douille d'obus qui avait été suspendue au-dessus de la porte de l'église.

* * *

Enfin, le Conseil municipal, après s'être occupé d'abord des réparations urgentes et indispensables, décida de faire toutes les démarches nécessaires pour obtenir le remplacement des cloches.

Le 23 février 1922, le maire, Emile Colas, passait un marché de gré à gré avec M. Ernest Leduc, fondeur à Blanc-Misseron (Nord).

Celui-ci s'engage à fournir, dans le délai de deux à trois mois, trois cloches neuves donnant le ré, mi, fa dièze, d'un poids total d'environ trois mille cinq cents kilogs et une cloche neuve, donnant le do, du poids d'environ trois cents kilogs, pour le hameau de Charbeaux, « y compris les battants en métal de première qualité, ayant toutes les proportions harmoniques prescrites par les règles de l'art ». Les inscriptions utiles seront gravées en relief sur les cloches qui seront « ornées de dessins d'un bon style et des emblêmes religieux ». Afin d'en constater la qualité, un bouton de métal sera réservé pour qu'on puisse en faire l'analyse. Si les cloches ne remplissaient pas « toutes les conditions de moulage parfait, elles seraient refusées »; le délai de garantie est de deux ans « sauf les cas fortuits et de force majeure ». Le prix est fixé à dix francs par kilogramme ; le fondeur se charge du transport, de la pose au chœur pour la bénédiction, de la pose en haut du clocher, de la fourniture des cordes, moutons, rouets, coussinets à billes.

Le paiement doit avoir lieu dans les conditions suivantes : un tiers deux mois après la livraison, les deux autres tiers quatre mois après le premier versement.

La bénédiction des nouvelles cloches aura lieu le dimanche 25 juin 1922 (1).

Toutes trois sont ornées de Christs et de guirlandes ; chacune d'elles porte les inscriptions suivantes :

« Cloche de Puilly fondue à Blanc-Misseron.

Je remplace mon aînée enlevée par les Allemands au cours de la grande guerre 1914-1918.

J'ai été bénie, en l'an 1922, par son Eminence Monseigneur le Cardinal Luçon, archevêque de Reims.

J'ai été fondue sous la gestion de MM. Colas E., maire ; Damain E., adjoint ; Imbert E., Etienne C., Perrin E., Rosquaille J., Iaminet P., Gobert G., Gippon G., Malaisé J., Décot J., Brion L., conseillers municipaux, et l'abbé Noiret A., curé de la paroisse. »

En outre, sur la plus grosse se lit :

« Je m'appelle Claire-Georgette-Hélène.

J'ai eu pour parrain Damain Ernest et pour marraine Buzy Augustine ».

Sur la moyenne :

« Je m'appelle Cyprienne-Evelina.

J'ai eu pour parrain Etienne Cyprien et pour marraine Léonard Marthe-Evelina. »

Sur la petite :

« Je m'appelle Louise-Suzanne-Joséphine.

« J'ai eu pour parrain l'abbé Noiret Arthur-Louis et pour marraine Rondache Suzanne. »

Et la cloche de Charbeaux, outre les inscriptions communes, porte la suivante :

« Je m'appelle Jeanne-Octavie.

J'ai eu pour parrain Maget Jean-Baptiste et pour marraine Galloy Marie-Octavie.

---

(1) Par suite d'une grève à la fonderie, il est à craindre que les cloches ne soient pas prêtes à la date fixée pour la bénédiction ; la cérémonie serait retardée de quelques semaines, mais ne pourrait sans doute être célébrée par Son Eminence Monseigneur le Cardinal Luçon.

J'ai été fondue sous la gestion de MM. Colas E., maire..... et l'abbé Coutelier, curé de Charbeaux. »

*
* *

La bénédiction se fera selon le rituel accoutumé ; elle sera accompagnée de réjouissances publiques auxquelles sera conviée toute la population.

Puis les cloches reprendront leur place au sommet du clocher.

Puissent-elles ne plus jamais sonner que pour des œuvres de Paix, de Concorde et de Fraternité !

Charleville, le 12 Juin 1922.

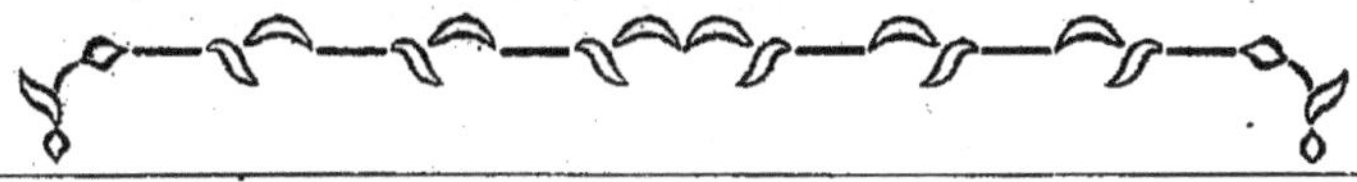

LES CLOCHES DE MON VILLAGE

Conversation, avant leur départ pour l'Allemagne, des trois cloches qui avaient été descendues du clocher par une équipe de spécialistes boches

(Février 1918).

La plus grande des trois sœurs. — O sœurs infortunées, pleurons ensemble sur notre malheureux sort ! Nos jours sont comptés ! Bientôt, transportées par des mains criminelles, nous allons succomber sous le choc des marteaux impies. Brisées en mille morceaux, les Barbares vont nous jeter au creuset et nous faire servir à leur œuvre de mort. Pleurons, mes sœurs !

La cadette. — Pleurons, lamentons-nous ! Les temps sont révolus. Dans quelques jours, dans quelques heures peut-être, nous allons quitter ce dernier asile pour être livrées à la destruction et à la mort. Lamentons-nous, mes sœurs !

La plus petite des trois sœurs. — Non, mes grandes sœurs, pas de pleurs et pas de lamentations. — En cette époque terrible où tant d'hommes jeunes et braves sont fauchés par l'impitoyable Destin, à l'heure où des enfants de notre village sont déjà tombés en héros pour la défense de leurs foyers et la grandeur de la Patrie, soyons satisfaites d'avoir dépassé la cinquantaine. Soyons dignes de nos morts sublimes, ne montrons à l'orgueilleux Teuton ni une larme, ni notre tristesse. Profitons de notre dernier séjour en ce saint lieu pour adresser à Dieu encore une prière et nous préparer à recevoir saintement l'absoute du vénéré pasteur !

La plus grande. — Ces Barbares ne nous ont même pas donné l'ultime joie de nous faire pénétrer sous la voûte sacrée ; ils nous ont laissées au seuil de la nef, comme des païens auxquels serait refusé le droit de se mêler à la foule des fidèles. Pleurons, mes sœurs !

La cadette. — Pleurons, lamentons-nous ! Ils n'ont même pas conservé pour nous le droit d'hospitalité qui était accordé, pendant les siècles du Moyen-Age, aux hérétiques et aux pires mécréants. Lamentons-nous, mes sœurs !

La plus petite. — Non, mes grandes sœurs, pas de pleurs et pas de lamentations — Si nos bourreaux agissent à notre égard de façon indigne, que Dieu en soit loué ! Ils prouvent une fois de plus au monde qu'ils sont dépourvus de tout sentiment de justice et d'équité, que leur vieux Dieu allemand, invoqué par eux à tout propos, n'est qu'un Dieu de haine et de cruauté. Toutes leurs violences et toutes leurs iniquités, toutes leurs transgressions des lois morales et divines fourniront, dans l'avenir, des chefs d'accusation qui permettront de les mettre pour toujours au ban de l'humanité. Réjouissons-nous au contraire, même si nous en sommes les innocentes victimes, de tous leurs actes qui pourront être nuisibles à leur réputation dans l'esprit des hommes. Cessez vos pleurs, ô mes sœurs ! Pensez que nous allons paraître devant Dieu avec notre robe d'innocence, après une vie entièrement consacrée au devoir. Pensez aux jours heureux que nous avons vécus ensemble depuis l'heure où nous sommes sorties des mains de l'habile ouvrier qui si patiemment nous avait fondues dans un cratère d'argile.

La plus grande. — C'est précisément le souvenir de ces joies qui cause ma tristesse actuelle. Rappelez-vous notre entrée triomphale dans cette église en l'an de grâce mil huit cent soixante-sept ! Lorsque je compare ces moments d'allégresse à notre détresse d'aujourd'hui, je ne puis m'empêcher de verser des larmes d'amertume. Pleurons, pleurons, mes sœurs !

La cadette. — Oui, chère et grande compagne, lamentons-nous ! Qu'il était beau ce jour de gloire où nous avons été bénies, majestueuses, au milieu de la nef. Ce souvenir me fait ressentir plus amèrement encore la douleur de l'heure présente. Lamentons-nous, mes sœurs !

La plus petite. — Rappelez-vous au contraire avec joie, ô mes sœurs, ce jour de bonheur inoubliable. L'église avait revêtu sa parure de fête : des guirlandes et des bouquets de fleurs multicolores ornaient le maître-autel ainsi que ceux de la Bienheureuse Vierge Marie et de Saint Sébastien, le patron de la paroisse ; le flamboiement des cierges faisait miroiter les ors des vases sacrés et resplendir les linges sacerdotaux. Tous les habitants du village, dans leurs plus beaux atours, avaient tenu à assister à notre baptême ; les jeunes filles portaient leurs robes virginales et leurs couronnes de premières communiantes ; les petits enfants, également tout de blanc habillés, avaient des ailes fixées dans le dos et semblaient des anges descendus du ciel pour être les messagers de Dieu. A côté de chacune d'entre nous se tenaient un parrain et une marraine, choisis parmi les notables du village dont les principes religieux étaient reconnus de tous.

La cadette. — Déjà ils ont été rappelés par le Seigneur dans le royaume céleste.

La plus petite. — Sauf l'un d'entre eux qui était tout jeune alors et qui ne pourra assister à notre départ, parce qu'il a fui l'envahisseur. Nos répondants avaient leurs habits de cérémonie et ils n'avaient pas manqué d'orner leurs filleules de rubans où le bleu de la Mère de Dieu s'alliait avec le rouge du Sacré Cœur et le vert de l'Espérance. Une messe solennelle fut célébrée : diacres et sous-diacres officiaient avec notre vénérable pasteur, entourés de nombreux enfants de chœur aux soutanes rouges et aux gestes hiératiques ; la voix grave des chantres alternait avec les chœurs des jeunes filles aux sonorités claires et argentines. Puis ce fut notre bénédiction : pendant que les fumées de l'encens montaient vers le Ciel, portant au Seigneur les prières de la foule extatique, l'eau lustrale fut répandue sur notre corselet de bronze où étaient gravés, en souvenir de notre baptême, les noms de ceux qui répondaient pour nous à notre entrée dans la congrégation chrétienne. A tour de rôle, ils firent frapper notre battant contre notre robe luisante pour que chacun pût juger de la pureté du métal et de l'intensité du son.

La plus grande. — C'est vous, petite sœur, qui eûtes l'honneur de retentir la première. Votre voix, claire comme celle du cristal le plus pur, pénétra tous les cœurs, remplit les âmes d'un saint frisson ; chacune de vos pulsations semblait être l'appel vibrant d'un élu qui demandait à Saint Pierre l'entrée du Paradis.

La plus petite. — Ce fut ensuite le tour de notre sœur cadette. Ses accents plus mâles éveillaient dans les cœurs des sentiments plus graves et l'on comprenait aussitôt qu'elle devait être notre accompagnatrice fidèle et indispensable.

La cadette. — Notre grande sœur se fit alors entendre, sonore et puissante. Sa voix résonna sous la voûte, laissant après elle un bourdonnement semblable à celui d'une abeille gigantesque et l'on comprit que, traversant les airs sur l'aile des vents, elle irait porter l'appel à la prière jusqu'à de lointaines distances.

La plus grande. — La population en liesse fêta joyeusement ce jour où nous reçûmes la sainte Bénédiction ; clairons et tambours sonnèrent aux champs, trombones et pistons jouèrent des marches joyeuses, parrains et marraines jetèrent à pleines mains, du perron de l'église, des dragées, des pièces d'argent aux enfants émerveillés, jusqu'à nous montèrent le parfum des brioches dorées et le fumet des rôtis succulents. Que les temps sont changés ! Aujourd'hui nous n'entendons plus que le pas des lourdes bottes qui frappent orgueilleusement le pavé du saint lieu, nous ne voyons plus que des uniformes gris souris et des casques pointus, la voûte ne nous renvoie plus que les sons gutturaux de gosiers rauques et nous sommes même obligées d'assister aux offices froids et compassés d'une religion qui a combattu notre sainte religion catholique. Aussi, pleurons, mes sœurs !

La cadette. — Oui, pleurons, lamentons-nous ! Les braves gens du village qui fréquentent encore le temple de Dieu viennent à pas feutrés, sur des pantoufles de corde, vêtus de vieux vêtements réajustés et usés jusqu'à la trame. Avez-vous remarqué comme ces fidèles ressemblent à des ombres, avec leur figure émaciée, leurs yeux caves, leurs traits tirés, courbant le dos comme s'ils craignaient de sentir à chaque instant la férule de l'oppresseur, minés par les tortures morales, amaigris et épuisés par les privations matérielles et les durs travaux que leur impose l'envahisseur. Oui, mes sœurs, pleurons, lamentons-nous !

La plus petite. — Non, non, grandes sœurs, trêve de pleurs et de lamentations. Si je souffre comme vous de la présence des intrus qui souillent par leur contact la demeure de Notre-Seigneur et y répandent cette odeur insupportable qui leur est particulière, si la trace des souffrances physiques et morales sur la figure de nos compatriotes me cause une peine immense, je me sens cependant réconfortée par la vue de quelques-uns de ces derniers ; je vois dans leurs yeux le reflet de la flamme intérieure qui les anime, je comprends au plissement de leurs fronts et à la dignité de leur attitude que s'ils subissent le joug maudit, c'est parce qu'aucun moyen de le secouer n'est en leur pouvoir, c'est aussi parce qu'ils conservent l'espérance, la foi en la victoire finale de la France et de ses alliés. Soyons dignes, mes sœurs, de ces âmes farouches et fières, gardons confiance, oublions nos malheurs individuels et passagers pour ne penser qu'à la grandeur du but à atteindre, affirmons notre certitude en la France grande et immortelle ! Rappelons-nous les bons et heureux moments que, depuis notre baptême, nous avons passés côte à côte dans notre bon clocher !

La plus grande. — C'est vrai. Je me rappelle le jour où l'on nous installa, dans notre demeure élevée, là-haut, plus près du ciel. Quel ne fut pas notre émerveillement à découvrir, par les meurtrières béantes, le splendide paysage qui s'offrait à notre vue ! Au delà de la vallée, j'apercevais les moissons ondulant au pied du coteau chargé de frondaisons verdoyantes ; de l'autre côté, je suivais des yeux la route poudreuse qui déroulait son ruban sinueux vers le village voisin et conduisait chez nos héroïques amis belges ; ma haute situation me permettait d'entrer en relations avec la grande forêt où s'enchevêtrent toutes les essences d'arbres : peu à peu je reconnaissais le chêne noueux, aux bras tordus et au front pensif, le hêtre et le frêne aux branches engourdies, le sapin à la forme conique et le bouleau à l'écorce polie.

La cadette. — Moi, je contemplais surtout les maisons du village dont le long rouleau s'étendait dans la vallée ; je reconnaissais les maisons opulentes des riches propriétaires et je m'intéressais tout spécialement aux demeures basses et humbles des pauvres ; je savais distinguer le feuillage des peupliers élancés et celui des pommiers aux dômes arrondis et je connaissais l'emplacement des poiriers dont la haute stature dominait les pruniers dans les vergers.

La plus petite. — Pour moi, j'ai surtout essayé de vivre avec les habitants dont je cherchais à saisir les pensées et les raisons d'agir. Je plongeais mes regards par les fenêtres ouvertes jusqu'au fond des intérieurs, je me hâtais aux côtés des hommes quand notre grande sœur sonnait l'Angelus du matin ou la prière du soir, je suivais les petits écoliers quand elle les appelait à l'heure de la classe, j'allais cheminer auprès des laboureurs quand elle leur annonçait que le moment était venu de quitter leurs travaux pour aller se réconforter à la table de famille. Combien de secrets ai-je ainsi surpris, combien de nobles pensées ai-je découvertes, insoupçonnées des autres hommes et des autres cloches !

La plus grande. — Mais aussi, ma sœur, que de fois m'avez-vous aidée de votre tintement argentin à sonner le glas d'une nouvelle victime de l'impitoyable Mort ?

La plus petite. — Oui, j'en ai accompagné beaucoup, jeunes et vieux, riches et pauvres, au champ du repos éternel. Mais, j'ai causé souvent aussi avec ceux qui dorment pour toujours à l'ombre du clocher et ils m'ont enseigné la vanité des choses terrestres. C'est pourquoi, mes sœurs, il ne faut point gémir sur le sort que veulent nous imposer les reîtres de l'Empereur allemand. Pensez aux joies que vous avez procurées quand vos appels joyeux annonçaient aux fidèles des jours de fête, quand votre carillon portait jusque dans les grands bois l'annonce d'un événement agréable.

La cadette. — Avec quelle ardeur j'ai sonné lorsqu'un enfant du village a célébré pour la première fois le saint office, avant d'aller répandre la parole du Divin Maître dans les contrées les plus reculées de la Chine, où en ce moment encore il combat pour la grandeur de la France et la victoire du Droit !

La plus grande. — Que de mauvais moments aussi avons-nous passés dans notre habitation aérienne ? Rappelez-vous les lugubres nuits d'hiver où la neige pénétrait par toutes les ouvertures et venait nous recouvrir de son linceul blanc ! Le vent, le terrible vent, qui parcourait la nef, glissait autour des piliers, s'élançait jusqu'à la voûte en poussant des gémissements prolongés, rampait le long des murailles et s'arrêtait sur l'autel pour entonner une complainte, grimpait jusqu'à nous en serpentant et en tourbillonnant, sifflait, rugissait, hurlait, heurtant les poutres massives, poussant des hululements stridents dans tous les coins et recoins et sortait enfin en faisant trembler la tour, en secouant les solives et disjoignant les ardoises, pendant que la girouette criarde tournait sur elle-même dans tous les sens.

La plus petite. — Même pendant ces journées de tempête et d'ouragan, je me penchais vers les êtres vivants qui cherchent un refuge au sommet du clocher. Je priais le Seigneur pour que résistent aux fureurs du vent les nids chétifs que construisent les oiseaux dans les encoignures formées par les vieilles solives de chêne ; j'étais heureuse de voir les grasses et indolentes araignées continuer à se balancer nonchalamment et à rester toujours cramponnées à leurs châteaux aériens. Je me rappelle aussi certains soirs de Noël où, malgré la bise et le froid, nos voix s'en allaient

Sur les ailes du vent d'hiver
Comme des messagers de fête.

Nos sonneries annonçaient la naissance du Seigneur dans les fermes aux fenêtres rougeoyantes, dans la campagne assombrie et sur la grand'route recouverte de son manteau de neige. Et je me récitais les vers du poète sur le vieux sonneur :

Et cette musique de l'air,
Cette gaîté sonore et pleine,
Ce chœur mélodieux et clair,
Qui s'en va dans la nuit d'hiver
Ensoleiller toute la plaine,

C'est l'œuvre de ce vieux sonneur
Qui, dans son clocher solitaire,
Fait tomber, ainsi qu'un vanneur,
Cette semence de bonheur
Sur tous les enfants de la terre.

(André Theuriet, *Jardin d'Automne*).

La cadette. — Votre goût pour la poésie vous fait, ô ma sœur, oublier trop facilement les ennuis et les peines. Ces souvenirs agréables ne font que rendre plus vives nos souffrances présentes et nous n'y voyons que de nouvelles raisons de pleurer et de nous lamenter.

La plus petite. — Non, ô mes sœurs bien aimées. Revivons par la pensée les jours heureux du temps passé. Rappelez-vous nos voyages de chaque année dans la Rome éternelle ; parées des fleurs du printemps, nous nous réunissions avec la cloche d'Auflance, et celle de Mogues, et celle de Charbeaux pour rejoindre nos sœurs au doyenné de Carignan ; par delà nos vallons fleuris et les coteaux verdoyants, nous allions nous mettre sous la direction du gros bourdon de Sedan qui guidait notre marche à travers notre France aimée ; en longues théories, nous planions au-dessus des cimes neigeuses des Alpes et nous entrions en procession solennelle dans l'immortelle Ville aux Sept-Collines.

La plus grande. — Et pendant trois jours, nous assistions aux magnifiques cérémonies dans la basilique de Saint-Pierre, nous nous enivrions des parfums de l'encens ; puis, la veille de Pâques, nous nous hâtions pour le retour, chantant au-dessus des cités de joyeux alleluias, jouissant à l'avance des joies qu'éprouveraient les petits en découvrant sous les fleurs des jardins les œufs de Pâques colorés, et les grands à nous entendre annoncer la résurrection de l'Enfant-Dieu.

La cadette. — Mais je conserve encore plus vivace le jour où nous avons dû sonner l'Appel aux Armes. Quand le brutal agresseur mobilisa toutes ses troupes de ce côté du Rhin, l'ordre vint de nous faire retentir à toutes volées pour appeler tous ses enfants au secours de la Mère-Patrie. Pendant tout l'après-midi, mues par des bras vigoureux, nous avons répandu la triste nouvelle dans les maisons des riches et des pauvres, nous l'avons annoncée aux ruisseaux de la plaine et aux arbres de la forêt, aux moissons et aux jachères, aux oiseaux et aux animaux des bois.

La plus grande. — Nous avons assisté au départ des plus robustes gars du village, de ceux dont le visage se couvrait à peine d'un léger duvet comme de ceux dont la barbe noire commençait déjà à se saupoudrer de sel ; nous avons vu les derniers embrassements et les ultimes étreintes, nous les avons vu partir, martiaux et résolus, dignes fils de mères qui leur criaient : « Partez ! » La Patrie est en danger ! La France vous appelle ! Courez à son secours ! »

La cadette. — Combien, hélas ! ont déjà payé de leur vie le crime de cette Allemagne, présomptueuse mégalomane, qui voulait imposer sa loi à l'univers entier et se prétendait au-dessus de tout dans le monde ! Que de deuils déjà ! que de tristesses et de ruines ! Les plus jeunes, les plus beaux, les plus courageux sont tombés et la criminelle hécatombe n'est pas encore terminée. Aussi pleurons, mes sœurs, sur le sort de ces infortunés et sur le nôtre ! Pleurons, lamentons-nous !

La plus petite. — Non, mes sœurs chéries, pas de pleurs et pas de lamentations. Soyons dignes de nos braves qui ont donné leur sang sans un mot de regret, sans un cri de reproche. Ils sont entrés, souriants, dans l'immortalité, contents d'avoir sauvé la France de la honte et de l'asservissement ; la postérité leur tressera des couronnes de lauriers et conservera leurs noms glorieux en caractères ineffaçables sur des tables de marbre et d'airain. Envions leur sort, subissons l'infortune avec un égal stoïcisme et souhaitons que notre mort aussi contribue à l'avènement du règne du Droit et de la Justice.

La plus grande. — Nous avons déjà connu les souffrances les plus cruelles. Non seulement nous avons dû, — nous qui étions destinées, disait le poète allemand Schiller, à annoncer au monde le règne de la concorde, — faire retentir l'Appel aux Armes, mais, depuis ce jour maudit, nous avons été condamnées par les cruels conquérants au mutisme et à l'immobilité. Jamais plus nous n'avons été autorisées à appeler le peuple à la prière, à sonner pour l'entrée des vivants en ce monde ou pour leur départ au séjour des Bienheureux.

La cadette. — Une fois seulement, les Barbares ont fait entendre notre voix au village, aux vallons, à la forêt. C'était pour annoncer à tous la nouvelle d'une grande victoire, la prise de Varsovie. Jamais je n'ai connu plus grande tristesse, jamais je n'ai ressenti plus cuisante injure ; à chaque vibration, je demandais au Ciel de me briser en mille morceaux, de me réduire en poussière, de me précipiter à bas de notre clocher hospitalier.

La plus petite. — Ce fut aussi ma plus grande affliction et j'aurais voulu mourir de honte. Mais puisque Dieu n'a pas voulu nous rappeler à Lui avant de nous imposer ce pénible sacrifice, c'est qu'Il avait des desseins secrets que nous ne pouvons aujourd'hui pénétrer. Ma faible voix, étouffée par les vôtres, s'est contentée d'adresser au Seigneur une fervente prière : « Dieu tout-puissant, ai-je dit, faites que la célébration de cette victoire soit la fin des succès des Barbares ! Faites que, selon votre sainte loi, soient abaissés ceux qui ont voulu trop s'élever ! Faites que soient punies leur arrogance et leur superbe ! Faites que soient châtiés leurs vols, leurs pillages et leurs crimes ! Faites que leur Empereur sanguinaire soit précipité de son piédestal, que ce colosse aux pieds d'argile s'écroule pitoyablement ! Qu'il soit maudit dans sa personne et dans sa descendance ! Que les vaillants soldats de France remportent la victoire et que la France rayonnante donne au monde la paix et le bonheur ! » Jamais je n'avais prié avec tant de foi et un tel désir d'être exaucée. Heureusement ces Barbares, ces adorateurs d'un Dieu de mensonge et de fourberie, ne comprennent pas les voix des cloches, ne saisissent pas les élans mystiques de notre foi ; ils n'ont pas entendu ma prière qui, je l'ai intimement ressenti, a été accueillie favorablement par Notre Père tout-puissant.

La plus grande. — Nos maux ne sont pas terminés, mes sœurs. Demain nous serons emportées, demain nous connaîtrons les meurtrissures des marteaux impies, demain nous serons livrées à des mains criminelles. Hélas ! cent fois hélas ! Rien ne peut nous arracher à notre sombre destinée.

La cadette. — Pleurons, mes sœurs, lamentons-nous ! Car si ces tortionnaires nous ont fait descendre de notre demeure aérienne, si demain ils nous emportent et nous réduisent en morceaux, c'est avec l'intention de nous faire servir à leur œuvre de mort. Ils nous jetteront de nouveau au creuset et de notre métal en fusion, ils fabriqueront des canons et des obus destinés à semer la mort dans les rangs de nos frères. Voilons-nous la face, ô mes sœurs chéries, pleurons, lamentons-nous, demain nous serons fratricides !

La plus petite. — Nous ne pouvons certes éviter l'inévitable ; il n'est pas en notre pouvoir de refuser à continuer le voyage que les Barbares veulent nous imposer. Mais il nous reste, mes sœurs, un devoir à remplir : s'ils ont le temps — ce qui n'est pas certain, car déjà j'ai perçu de sombres craquements dans leur orgueilleux édifice et leur défaite n'est peut-être pas aussi éloignée qu'on le pense — de nous transformer en instruments de meurtre, s'ils veulent nous tourner contre nos frères, n'oublions pas que les canons ont une âme. Et cette âme ne peut leur appartenir, à eux qui ont renié tous les principes de justice, de droit et de charité, à eux qui ont prêché partout l'empire de la force et du glaive. Cette âme restera nôtre, cette âme sera toujours l'apanage du métal dont nous sommes composées ; sur elle nous conserverons tout pouvoir et nous pourrons encore la faire servir à des buts patriotiques. Grâce à elle, nous pourrons, comme certaines de nos sœurs l'ont déjà réussi, faire éclater les canons et causer à leurs servants des blessures mortelles. Ainsi nous contribuerons, même après notre mort, à la défaite allemande et à la victoire de la France bien aimée. Si vos intentions sont conformes aux miennes, jurons, ô mes sœurs chéries, de nous montrer, de cette façon, les dignes sœurs des enfants du village tombés au champ d'honneur

La plus grande et la cadette. — Nous en faisons le serment solennel, nous le jurons ! Nous le jurons !

Puilly, mars 1919. G. G.

www.ingramcontent.com/pod-product-compliance
Lightning Source LLC
LaVergne TN
LVHW052020160826
845678LV00003B/1130

9782329652757